가장 나일 때의 부끄러움

가장 나일 때의 부끄러움

이학준

들어가며	08
잠실에서	10
반지하방 고양이	16
목련	22
MOTEL	24
취미	28
조카 1	34
애제자	40
친구에게	46
귤밭의 테두리 1	50
귤밭의 테두리 2	52
생일	56
퇴근 시간대 서울 지하철 노약자석	60
조카 2	66
커피	68
야산의 살점	72
화투	78
대릉원 돌담길	82
the cut	86
닷샛날	92
도시의 밤	100
산책	102
찻주전자 (찻집 '아리솔'에서)	106
〈꽃〉	110

들어가며

부끄러움은 차라리 고백해 버리는 편이 낫다.

이 책을 더해 총 네 권의 책을 써오며
제가 깨달은 바 입니다.

살을 맞대고 있다가 어느 날 문득 따가운
나의 초라함, 가난함, 그리고 헛헛함.

그러나 그것이 곧 제 삶이기에

부족하나마 글 쓰는 재주를 부려 한 글자, 한 글자…
고백해 버리고 나니,

부끄러움은 줄고, 가장 나일 때의 내가 된 것처럼
황홀해집니다.

잠실에서

대로변과 석촌호수의 둘레를 잇는 내리막길
그중 하나에

뒷모습이 마치 새겨질 듯
주춤주춤 느리게 내려가고 계신 할머니.

한 손은 당연히 지팡이를 쥔 채,
그런데 나머지 한 손은
내리막 길가에 핀 꽃나무 가지들을 붙잡고 계시다.

지팡이만으로는 도저히 내리막 경사를 이기는 게
안 되셨던 게다.

쫓아가서 "할머니," 일행인 양 팔을 가누어 드렸다.

꽃나무 가지 하나라도 다칠까
손아귀에 잔뜩 힘이 들어가 있던 할머니는

다행히 사양 않고 내게 몸을 기대어주셨다.
"아이고, 고마워라."

석촌호수까지 잘 바래다드리고 나 혼자서
내려왔던 길을 다시 오른다.

길가에 수북이 심긴 꽃나무들은 아주 보탬이 되었다.

그럼에도 활짝 웃음이 안 나는 건, 나뭇가지 말고는
붙잡고 갈 것이 없는 이 경사로의 외로움 때문이었다.

반지하방
　　고양이

서울에 오고 나서 내가 월세가 아닌 전세로 처음 계약한 집이 지금의 망원동 반지하방이다. 반지하여서 전세로 할 수 있었겠지 싶겠지만, 그 당시 부동산 시세로 자그마치 1억 원이었다. 말하자면, 망원동은 내가 들어올 수 있는 동네가 아니었다.

"학준아, 니 혹시 반지하라도 괜찮나?"

이사가 필요하던 시기에 상분이 누나의 갑작스러운 질문이었다. 서울에서 처음 친해졌지만 알고 보니 고향이 같아 더욱더 친해진 누나. 누나는 본인 소유의 망원동 건물에 반지하방이 비어 있는데, 너만 괜찮으면 리모델링까지 해서 싸게 내어줄 테니 들어오라고 했다. 그러면서 지금은 반지하방밖에 보여줄 수 없는 것을 누나는 되레 미안해했다. 한번 가보았더니 생각보다 층고가 높고, 또 시세보다 훨씬 저렴한 가격에 나는 곧바로 입주를 결심하게 됐다.

원래도 누나는 망원동에 안 살았지만 내가 입주할 무렵 육아를 위해 멀리 고향으로 내려가게 되었다. 떠나기 전 내게 부탁을 한 가지 남겼는데, 바로 건물과 담벼락 사이의 공간에 이따금씩 고양이 사료를 뿌려달라는 거였다. 우리 건물 가까이엔 내 키보다 높은 담벼락이 서 있다. 건물과의 거리는 성인 한 명이 겨우 들어갈 만큼 좁은데, 만일 그 사이의 공간에 사료가 뿌려져 있지 않으면 망원동에 많은 길고양이들이 그곳을 화장실로 사용하게 될지도 모른다고 누나는 전했다.* 평소 길고양이들에게 별 관심이 없던 나는 숙제라도 떠안은 기분이었다. 그렇지만 반드시 해내야만 하는 숙제인 까닭은, 반지하인 내 방 창문을 열면 곧바로 담벼락. 다시 말해, 언제라도 길고양이의 배변과 마주할 수 있는 곳이 내 방이기 때문이었다.

내 신발장 근처엔 따라서 고양이 사료 포대가 놓여져 있다. 5kg 한 포대를 비우고 벌써 두 번째이다. 그동안 시행착오가 많았다. 한 날은 매캐한 냄새가 들어와 창문을 내다봤더니, 누나가 예고한 그대로 어질러진 바깥. 나는 장갑과 마스크를 낀 채 건물과 담벼락 사이를 비집고 들어가 길고양이들의 화장실을 없애놔야 했다. 여행을 떠날 때면 무조건 마음이 안 놓였다. 그럼에도 내가 할 수 있는 일은 창문 밖에다 잔디를 심듯 촘촘하게 사료를 뿌려놓고 떠나는 일밖에 없었다. 이와는 반대로 챙겨주고 싶어도 챙겨주지 못하는 경우도 생겨났다. 바로 요즘 같은 장마철이면 말이다. 한 움큼씩 쥐고 창문 밖으로 사료를 던져놔 보지만, 비에 젖은 사료를 찾으러 다닐 길고양이가 어디 있을까. 그치지 않는 빗소리를 들으면서 녀석들이 배를 곯지는 않을까 걱정할 따름이었다.

처음엔 누나의 부탁으로 시작된, 동시에 반지하에 사는 나를 위한 길고양이들의 사료 챙기기가 어느새 내 일상이 돼 버렸다. 하루에도 여러 번 창문을 열고 엊그제 던져 놓은 사료가 얼마큼 줄었나를 확인하는 나는, 딱 길고양이의 눈높이이다.

---

*
고양이들은 식사를 하는 곳과 배변을 보는 곳을 따로 구분한다.

목련

어두운 밤

늘 지나치는 나무에

한 잎, 한 잎 날아갈 것처럼 피어난
하얀 목련.

그 아래에 서서 가만히
꽃잎의 낱장을 눈으로 뜯어본다.

밤에도 아름답다는 걸
정작 본인은 모르는가보다.

목련은 나를 향해
가장 잘 보이는 낮일 때 와서 봐달라고 그런다.

그 모습이 꼭 여자 같았다.

MOTEL

눈이 뜨였으나 되감았다. 낯선 방 안 누군가가 분주히 나설 채비를 하고 있었기 때문이다. 피부에 닿는 이부자리가 원래 내가 닿으며 자던 것이 아니다. 하도 짓이겨 바스락거리는 소리도 못 내는 내 것과는 달리 솜이불의 쿠션이 달아날 것처럼 살아 있다. 나는 최대한 움직거림을 참고 침대에서 자는 척을 해야 했다.

"더 자다가 나가요."

멋쩍게도 내가 깼음을 눈치챘나 보다. 침대 밖의 누군가는 나에게 인사까지 남기고 유유히 방 안을 떠났다. 계속 자는 척을 하는 나는 현관의 불이 다시 꺼질 때까지도 침대 위에서 움직임을 참았다. 마침내 긴장감이 풀리자, 숙취가 한꺼번에 밀려오고, 하룻밤 이름도 모르는 사람과 나눴던 사랑이 사랑이 아니었음을 실감한다.

취미

한 끼를 때울 만한 게 없을까 하고 집 밖으로 나와봤다. 걱정이 하나도 안 드는 건 조금만 걸어가면 망원시장이 있기 때문이다. 저기 지붕으로 덮인 길쭉한 골목이 전부 망원시장인데, 안으로 들어서기 전부터가 벌써 북적거리는 시장통이다. 한 장정이 우렁찬 목소리로 손님들을 끌어모은다. 생선 가게 직원으로 보이는 그는 바닥에 깔린 생선들을 가리키면서 오늘 특히나 물이 좋다는 자랑을 늘어놓는다. 순간, 나는 이 날것의 느낌을 사진으로 담고 싶어졌다.

"어이! 거기! 핸드폰 이리 내놔 봐요."

바닥의 생선을 건너뛰어 나에게로 직진해 온 그는, 무릎 아래로 내려오는 가죽 앞치마를 입은 그대로의 상태였다. 흰 목장갑을 낀 손을 내게 내민다.

"예?"

"다 봤어요, 사진 찍는 거. 빨리 핸드폰 내놔 보라고."

자신이 일하는 모습이 사진으로 찍힌 거 같아 단단히 화가 난 것이었다. 조금 전 장사를 할 때하곤 다르게 아귀처럼 퉁명해진 그를 보자, 나도 갑자기 화가 났다.

"왜 이래라저래라 합니까? 당신이 안 찍혔으면 어쩌게요?"

시장통 분위기라 말다툼은 그다지 눈에 안 띄었으나, 생선 장사엔 분명히 차질을 빚고 있었다. 가게 안에서 지켜만 보던 사장님이 열이 난 장정을 말리려고 나왔다. 나는 여전히 핸드폰을 내어줄 수 없다는 입장이었고, 사진을 찍는 행위 또한 공개적인 용도로 사용하지 않는 이상 내 자유라고 설명했다. 그러는 동안에도 생선 가게의 손님은 계속 불어나고, 결국에 그는 조금 전까지 장사를 하던 본래의 자리로 돌아가야 했다. 망원시장에서 끼닛거리를 사 들고 돌아 나오는 길, 나는 장정의 모습까지도 담긴 생선 가게 사진을 내 핸드폰 사진첩에서 지우고야 말았다.

사람들이 빠져나간 저녁, 혼자서 망원동을 산책하고 있었다. 오늘도 쓰레기봉투가 전봇대를 쓰러뜨릴 듯이 나왔고, 환경미화원께서 골목골목 그것들을 수거해 나가는 중이었다. 나는 동네의 지금 이 풍경을 사진으로 담아두려 핸드폰을 꺼내는 중 며칠 전 생선 가게 장정과의 그 일이 떠올라서,

"혹시 일하시는 모습이 사진에 찍혀도 될까요?"

조심스레 다가가 여쭸다.

"안 돼요! 뭐 작가 그런 건가? 찍지 마요."

나는 '알겠습니다.'하고 진 듯이 물러났다. 내 아끼는 취미 한 가지를 잃어버린 날이었다.

조카 1

여섯 살, 네 살

중에
삼촌 발음도 못 뗀 네 살 너석이

"삼똔" 외치면서
거실을 다다다 뛰어와
물풍선 마냥 제 몸을 던진다.

수 시간 놀아주다가 지쳐
거실 모서리로 잠시 피신해 있던

내 품 안으로 네 살배기의 귀여움이 또 터진다.

똑같이 뛰어오지는 않아도
멀찌감치에서 자기도 안기고 싶어 하는 표정이

꼭 어린 시절의 날 닮은
여섯 살 소극적인 너석.

물풍선을 내려놓으면 그다음은 네 차례다.

애제자

늘 그랬듯 이번에도 그에게서 먼저 연락이 왔다. 학생들을 통솔하는 교장의 역할로 서울에 와 있는데 너만 괜찮다면 만나서 커피 한 잔 하고 싶다고 말이다. 카톡을 보내는 그의 말투는 몹시 조심스러웠다. 몇 번이나 그의 연락을 거절해온 나의 잘못일 것이다. 이번마저 거절하는 건 도저히 양심이 허락하지 않아, 내일 저녁에 그가 머물고 있는 강남의 숙소 근처로 찾아가겠노라 답했다.

중학교 3년 내내 나를 따라다닌 별명이 있다. 바로 "문예부 애제자." 경주에는 경주 출생의 작가 이름을 딴 글짓기 대회가 많다. 중1이 되자마자 시내 백일장에 나가 상을 타오는 바람에 나는 클럽 활동이 자동으로 문예부가 됐다. 문예부 선생님은 수업을 빼주면서까지 나를 온갖 글짓기 대회에 데리고 다녔다. 학교 내에서 언젠가부터 나를 두고 "문예부 애제자" 혹은 "문예부 선생님 애제자"라며 놀리듯 부르기 시작했다. 대회마다 상을 타오는 내 잘못도 있지만, 교실에서 심지어 교무실에서까지 나를 자랑하고 다닌 문예부 선생님의 잘못이 더 크다.

이십 대가 되어서 중학교에 한번 찾아가 봤다. 고향 집과 가까운 거리이기도 했고, 과거 3년 동안의 내 이미지를 떠올렸을 때 교무실에서도 괜찮게 나를 반겨줄 것 같았다. 역시나 가장 좋아해 주는 이는,
단 한 번도 내 담임을 맡은 적 없는 문예부 선생님이었다. 점심을 사주겠다는 그를 따라 학교 근처의 식당으로

갔다. 시외의 글짓기 대회까지 다니면서 그와 밥을 먹던 추억이 떠올랐다. 서로의 근황에 관해 나누다가, 최근부터 제대로 글을 써보고 싶어졌다는 나의 말에 그는 취미로만 쓰는 건 문제가 없으나 직업으로 삼게 되면 무조건 힘들어질 거라는 현실적인 조언만 늘어놓았다. 이십 대의 패기로 가득 차 있던 나는 울컥 반항심이 올라왔지만, 참고 밥을 먹었다. 서로의 핸드폰 번호를 교환하며 두 번 다시는 그에게 내 근황을 알려주지 않을 거라고 속으로 다짐했다.

서울에서 내가 책을 출간했다는 소식을 나의 중학교 동창으로부터 뒤늦게 전해 들은 그가 서운하다는 말투의 축하 메시지를 보내왔다. 그 뒤로 달력에 명절 연휴가 조금이라도 길어질 때면 어김없이 경주에 내려와 있냐는, 밥이나 술을 같이 하고 싶다는 연락이 왔다. 때마다 어영부영 그와의 만남을 미뤄 왔던 내가, 이십 대 때 중학교를 찾아간 후로 십여 년 만에 그를 만나러 와 있다. 호텔 로비에서 마주한 그는 지금 교장 선생님이 되었다지만 예전 패기 넘치던 문예부 선생님의 모습 그대로였다.

잘은 모르겠으나 죄송스러웠다. 나를 몸보신시켜 줄 거라면서 근처의 고깃집들을 봐놨다는 그한테 몹쓸 짓이라도 저지르며 살아온 것처럼 죄송한 감정이 들었다. 해맑게 웃고는 있어도 그 역시도 알 것이다. 내가 당신과의 만남을 계속 미뤄 왔다는 것을. 한 소고깃집으로 들어가 소맥 한 잔씩을 빠르게 마셨다. 일말의 어색함부터 없애고 봐야 했다. 다행인 것은, 환갑에 가까운 나이임에도 그는 세월을 비껴간 것처럼 아주 기운차 보였다. 몇 년 전 아내와의 사별을 겪었다는 사실을 곧바로 전해 들었지만 말이다.

동료 작가하고 술을 마시는 것 마냥 즐거웠다. 예전 추억도 추억이지만 서울에서 내가 어떻게 살아가는지, 어떻게 해야 살아갈 수 있는지 그는 너무도 잘 알고 있었다. 고단한 작가 생활을 내 입으로 풀어놓다 보니, 직업으로 글을 쓰겠다는 제자에게 현실적인 조언들만 들려줘야 했던 내 이십 대 때의 그가 자연스레 용서가 됐다. 그는 요즘도 글을 쓴다고 그랬다. 핸드폰을 꺼내 본인이 쓴 시를 자랑하듯 보여주는 모습에서 그가 여전히 패기 넘치는 이유를, 눈망울이 맑은 이유를 알아냈다.

서른이 훌쩍 넘은 제자가 은사(恩師)에게 소고깃값을 계산하게 한 뒤, 둘이서 강남의 골목을 걸어갔다. 네가 이 길, 그러니까 글 쓰는 일에 몸을 담은 이상 선생님은 너의 팬일 거라고 말하신다. 그러고 호텔 앞에서 헤어지는 게 아쉽다 하며 전철역까지 나를 따라왔다. 인사를 하려는데, 별안간 그의 표정이 엄해지더니 주머니에서 꺼낸 흰 봉투 하나를 내 손에 덥석 쥐어준다. 차비 하란다. 나는 술이 확 깨 그 손을 뿌리치려 했으나, 결국엔 받아 들고야 말았다. 멍하니 자리에 서서 멀어지는 뒷모습을 바라보는데, 눈에서 눈물이 났다.

친구에게

활짝 핀 채
봄을 모르는 체하던 친구야.

그런 널 차마 그냥 내버려두지 못해
곁이 되어주려던 나의 연연함은

네 안, 그곳에 그늘이 있음을 알리는
볕이 되고 말았기에

누구에게나 그늘이 있다 말해볼까,
나의 그늘을 한번 들키어볼까,

며칠 밤에게 질문해 가며
고르고 고른 나의 사과.

"우리 잘 가는 대폿집으로 나올래?"

막걸리 사발에 숨어 내 눈치만 살피는 나와,
그걸 알고도 모른 척 넘어가 주는 너.

그리고는 동시에 멋쩍은 웃음이 터졌지.

귤밭의 테두리 1

빙 돌아 지나는 귤밭의 테두리.

고작 내 허리춤밖에 안 되는 높이에
벽돌도 아닌
이 섬에서 나고 자란 돌멩이로만 지어진 돌담.

누구나가 넘나들 것처럼 생겼지만
저래 봬도 오직 귤밭의 주인만이 넘나들 수 있는 거란다.

일제히 혓바닥을 내민 채 여름을 만끽하는 중인
잎사귀들과
무수히 달린 청귤들
돌담을 지어 놓은 돌멩이들까지

모두 다가 동그라미하고 닮아 있네,

나 혼자 중얼거리면서 귤밭의 테두리를 지난다.

굴밭의 테두리 2

빙 돌아 지나는 귤밭의 테두리.

수많은 동그라미들의 공중을 가로지르며
새들이 잠깐씩 쉬어가도록 해주는
보이는 건 다름 아닌 '전깃줄'이다.

이 섬 안에 동그라미 곡선만이 들어 있는 게 안타까웠던
누군가가 마치 손글씨로 그어 놓은 듯
좀 삐뚤빼뚤한 직선.

그 경쟁력 없는 한 줄, 한 줄을 보고 있자니,

도심 속 전깃줄,
지금도 빌딩숲 안에 갇혀 옥신각신 다툼이나 벌이고 있을 그들의 삶이 처량할 지경이었다.

생일

사장님이 장을 봐온 식재료들과 같이 조그마한 브라우니 케익을 꺼내놓으셨다.

"생일인 거 왜 말 안 했어? 이 바보야!"

"네?······"

"서운해 학준 씨. 나도 오늘 알았어."

같이 일하는 남자 둘이 동시에 나한테 서운함을 토해낸다. 당황한 나는 원래 내 생일을 잘 안 챙긴다는 말 말곤 할 말이 안 떠올랐다. 사장님의 짝꿍이면서 근처의 카페를 돌보고 있는 누나만이 내 생일인 걸 알아차리고는 이제 막 사장님한테 케이크를 전달한 것이다. 점심 영업만 하는 우리 식당의 홀은 낮이지만 커튼을 전부 쳐 어스름한 분위기. 테이블 하나에 모여 앉아 날 위해 생일 축하 노랠 불러주는 일은 자연스레 이 두 남자의 몫이 됐다.

"생일 축하합니다."

물론 어색하게 출발했다.

"생일 축하합니다~"

조금 나아졌다.

"사랑하는 학준이,"

"학준 씨,"

"생일 축하합니다~~"

두 남자는 마치 소년처럼 나를 축하해 주고 있었다. 어쩔 줄 몰라 하며 나는 케익에 붙은 초를 불긴 불었다.

"소원 빌었어? 뭐해? 소원 빌어야지!"

기도하는 자세로 소원마저 빌고 말았다. 거짓이 아니라 나는 서울에 있을 때도 내 생일을 잘 안 챙기는 아이였다. 몇 달간 제주살이 중에 맞이한 오늘도 나만 입 꾹 다물고 있으면 자연히 지나가겠지 했다. 그런데 같이 일하는 식당의 두 남자로부터 왜 생일인 걸 알리지 않았느냐고 아직도 혼나는 중인데, 그 기분이 별로 나쁘지 않은 까닭은 무엇일까. 그만하고, 이제 테이블에 놓인 브라우니 케익을 자를 차례이다.

퇴근 시간대 서울 지하철
　　　　　　　　노약자석

눈꺼풀이 무거워서인지
눈을 뜨면 이리 치이고 저리 치인 당신네 삶이
떠올라서인지,

세 분이 나란히 앉아 눈을 감고 있다.
주무시진 않는다.

조카 2

일 년에 고작 한두 차례 만나러 오는, 이런 삼촌도 삼촌이라고 유치원 버스를 내리자마자 와다닥 달려와 안긴다. 오냐, 있는 동안만이라도 이 삼촌이 몸이 부서져라 놀아줄게. 아파트 놀이터로 데려가 두 녀석의 꽁무늬를 번갈아 가며 뒤쫓는다. 결코 붙잡힐 일이야 없겠지만 내가 잡으려 들 때마다 꺄르르. 술래의 인기를 독차지하고 싶은 것 마냥 내가 가까워만 져도 그냥 꺄르르.

나를 갖고 경쟁이나 하듯 도망치는 녀석들을 보는데, 문득 조바심이 든다. 아주 나중의 너희에게도 이 삼촌이 매력적인 삼촌이어야 할 텐데······.

커피

"학준이 일로 와서 이것 좀 마셔봐."

막내이자 홀 담당인 나는 길게는 5년이 넘게 일해 온 누나, 형들의 주방으로 들어갔다. 주문이 들어오지도 않은 라테를 세 잔씩이나 뽑아 놓고 사장님이 서 계셨다. 나한테 왜 마셔보라고 하는지 물을까 하다가, 집어넣었다. 홀만으로도 버거워 주방 일은 파악조차 안 되고 있는 난데, 괜히 물었다가 뜨내기 취급을 받을 것 같았다. 나는 가장 가까이의 한 잔을 마셨다가 내려놓았다.

"뭐해? 세 잔 다 마셔봐야지."

"네?"

"다 마셔보고 어떻게 다른지 얘기해줘 봐."

그러니까 커피를 다 마신다고 끝이 아니었다. 각기 다른 방식으로 만든 라테를 내가 다 마셔보고 난 뒤 그 맛의 차이점에 대해 들려달라는 말이었다. 누구라도 좀 도와주길 바랐는데, 누나, 형들은 네가 한 번은 거쳐야 할 관문이라는 듯 멀찌감치 지켜보기만 했다. 한 모금…, 한 모금…, 마시면서도 앞으로의 멘트를 걱정해야 했다. 곧바로 질문이 날아든다.

"어때? 말해봐."

똑같이 쓴맛밖에 기억이 안 났지만

"세 번째 깨 제일 깔끔해요. 이건 좀 텁텁하구요."

그러고 나선 사장님의 반응을 은근슬쩍 살피는데

"그래?"

놀랍게도 내 표현을 진지하게 되새기고 계셨다.
내 말마따나 세 번째 깨 제일 나은지 다시 한번 마셔보면서 본인의 판단과도 비교해 보는 것 같았다.
나는 죄송스러운 혀를 감싸면서 무사히 주방 안에서 물러날 수 있었다.

그 뒤로도 여러 잔을 뽑아 놓고 나를 부르곤 하셨다. 나는 그때마다 '쓰다'와 경쟁할 만한 표현들을
떠올리며 주방 안으로 들어가야 했다. 그런데 이번에도 진실로 들어주시니까, 과연 내가 지어낸 표현들이 이 한 잔 안에 다 담겨 있나, 나 또한 의심하며 다시 한번 마셔보게 되는 것이었다. 그걸 계속하다 보니 내가 좋아하는 커피 맛이란 게 생겨버렸고, 그것은 다름 아닌 신맛이 강한, 즉 산미가 센 커피였다.

십 년이 흐른 지금 나는 간헐적으로나마 커피를
끊으면서 지낸다. 타고나기를 허약한 위를 가졌기 때문이다. 카페에 들어가 다른 음료를 시켜놓고
도저히 못 참겠다 싶으면 일행이 마시고 있는 커피를 한두 모금 빼앗아 먹기도 한다. 그때마다 맛 평가만은 꼭

내린다. "이 집 커피 잘하네." …….
지가 언제부터 커피에 대해 알았다고 말이다.

야산의 살점

또 공장이 들어서려나 보다.

야산의 높이를 낮추기 위한 포클레인들의 협동이 비밀스러우면서도 당당하다.

멀쩡하게 키 큰 나무가 하나둘씩 뽑히고 나면 살갗을 드러낸 야산이 흘러내린다.

아프지만
비명을 지르지 않는 야산.

제 다음 공장이 될지 모를 산과 산을 걱정해 일부러 참아내는 거란다.

야산의 살점이 흘러내린다.

타버린 재처럼.

더 이상 무엇의 살점이었는지조차 모를 만큼.

화투

당연히 내가 잘 쳐서인 줄로 알았다. 계속 따먹힌다고 외삼촌은 어수선을 떨고, 그러는 외삼촌의 수가 나에겐 거의 다 읽혔으니까. 패가 나쁘게 들어오더라도 아슬아슬 점수가 나버리니까 하마터면 우쭐거릴 뻔했다. 점당 십 원인 화투판. 동전들을 야금 야금씩 빼앗아 와 결국 외삼촌이 지갑에서 지폐를 꺼내도록 만들었다. "늦었다. 이 판만 치고 집에 가자." 내가 하고 싶었던 말이다. 딴 돈을 지켜야만 하는 나는 제삼자인 아빠의 그 말이 떨어지자마자 지폐부터 슬그머니 주머니 속에 감췄다. 몇 판만 더 치자고 비는데 얼굴은 싱글벙글인, 외삼촌이 그 순간 내 눈에 들어올 리 없었다.

"학주이는 외삼촌 돌아가셨는데 눈물 안 나나? 니 이제 외삼촌하고 화투도 못 친데이."

외삼촌 집 마당에 집초상이 열린 가운데 녹초가 된 외숙모가 나에게 던진 말이다. 꼬맹이인 나는 지금이 무슨 상황인지조차 파악이 잘 안돼 대답도, 눈물도 안 나왔다. 그저 마당으로부터 도망쳐 외삼촌 집 안으로 숨어버렸다. 분홍색 화투 통이 저렇게 원래대로 놓여져 있는데, 더 이상 못 친다니.

대릉원
　　돌담길

공원을 이뤄
잠이 든
수많은 육신.

그중 하나를 벗어난 영혼이
어디론가 다녀와야 할 때

돌담의 높이란 것이
방해가 되어선 안 되기에,

내 키보다 낮은 대릉원 돌담.
그 위에 툭툭 널린 늙은 솔잎들을 내려다본다.

서울의 여차저차한 돌담길 생각이 난다.
내 키의 두 배나 높아 가로수들과 높이를 겨뤄야 될 판국인.

이 돌담길의 끝자락에 서서
저 먼발치의 반월성*을 바라본다.

옛 신라 궁궐의 자리였다는 건
배움으로만 알 뿐
초록만 무성한 풍경.

지킬 것들이 남아 있어
돌담의 높이가 높다란
서울을 부러워할 따름이다.

*
신라 때의 궁성(宮城)으로 반달 모양으로 쌓았던 것이었으나,
지금은 성벽(城壁) 일부와 석빙고(石氷庫)만이 남아 있다.

the cut

대충 수건으로만 털어 물기가 남아 있는 머리카락. 골목을 빠져나가는 동안 이웃 빌라의 유리들이 그런 내 모습을 비춰도 나는 끝까지 모른 체했다. 대로변으로 바뀌자마자 버스 정류장이 나타났다. 그런데 '망원동'인 까닭일까, 평일 낮임에도 불구하고 대로변엔 자신을 멋들어지게 꾸미고 나온 젊은 남녀들 투성이었다. 그제야 부끄러움이 밀려온 나는 주섬주섬 머리칼을 손으로 가리며 버스를 기다려야 했다. 그리고 제일 먼저 버스에 올라타서는 나에게 관심조차 없는 사람들의 시선을 버스 맨 앞자리에 앉아서 등을 졌다.

십 분쯤 지나 상수동에서 내렸다. 망원동과 얼추 비슷한 동네인지라, 나는 젊은 사람과 조금이라도 덜 마주치기 위해 멀지만 어두운 길로 돌아 걸어갔다. 마침내 걸음이 선 곳은 작은 가게 앞. 마치 갤러리 같다. 유리로 덮인 쇼룸에 그림 몇 점이 걸려 있고, 핀 조명이 그것들을 알맞게 불 밝히는 중이다. 간판을 보면 달리 미용실인가 싶다. 작은 글씨이지만 'the cut'이라 쓰였고, 그 위로 머리빗 그림이 그려져 있다. 쇼룸과 나란한 나무 출입문으로 다가서자, 나무에 자그마하게 뚫린 유리를 통해 정답이 들여다보인다. 내가 한 달에 한 번씩 예약을 걸어 찾아오는 1인 미용실이다.

"사장님 바깥에 그림 또 바뀌었네요."

아마 매달 쇼룸 안의 그림들이 바뀌는데, 더 다양한 그림들을 소개하기 위한 사장님만의 규칙이지 싶다. 미용실을 찾은 손님이 그림을 사 가는 경우도 더러 있다고 한다.

"오늘도 드라이기로 안 말리고 씻자마자 바로 왔어요."

그러자, 이제 겨우 물기를 날려낸 내 머리카락을 사장님이 칭찬해 주신다. 실은 못 생기기로 두말할 나위가 없는 내 두상 때문이다. 언제부턴가 외출할 시엔 드라이기로 머리카락을 눌러주는 게 필수가 돼 버렸는데, 그렇게 하고 오면 사장님이 머리를 자르기가 어렵다고 하셔서 오늘도 감자마자 바로 달려온 것이다.

"외출도 거의 2주 만에 한 거예요……."

사장님한테 넋두리도 늘어놓는다. 안경을 벗어서 거울에 비친 나도 잘 안 뵈지만, 머리를 만져주는 사장님이 옆집 삼촌같이 푸근해서다.

"밥은 먹었어요?"

"아직 한 끼도 안 먹었어요. 이따 집에 가면서 뭐 사 가야죠."

"아니 글 쓰느라 집에만 틀어박혀 있으면 밥이라도 잘 챙겨 먹어야지!"

홍대 근처인 여기에서 오랫동안 미술 하는 사람들을 지켜봐 온 사장님이 내 건강을 걱정해 주신다. 나는 그게 진심일 게 틀림없어서 고맙다는 말이 튀어나올 뻔했다. 지난번에 포켓몬 빵을 못 구하고 있다는 사장님의 초등학생 딸이 지금은 그걸 구했냐고 여쭤봤다. 일찍이 코로나에 걸리셨던 사장님의 노부모님께 혹시나 후유증이 나타나진 않으셨냐고도 여쭤봤다. 내 이런 질문에 일일이 답해주시면서도 사장님의 가위질은 역시나 촘촘하면서 정확했다. 다 끝난 뒤에 다시 안경을 쓰자, 내 못생긴 두상은 완벽히 보정이 돼 있었다. 감사하다는 인사를 반드시 전해야지 속으로 다짐을 하며 계산을 하려는데,

"같이 저녁 먹을래요? 나도 밥 먹을 참인데, 근처 식당에서 같이 먹어요."

덕분에 오늘 저녁은, 아니 오늘 첫 끼는 혼자서 해결하지 않아도 됐다.

닷샛날

닷새쯤 머물기로 작정하고 고향인 경주에 내려왔다. 밤낮이 뒤바뀐 삶을 살다 보니 이곳에서의 나는 시차를 겪는 외국인 같았다. 모두가 잠든 새벽에 홀로 깨어 있고 해가 뜰 무렵 겨우 잠이 드는데, 그나마 나를 세 끼 다 챙겨 먹이려는 엄마 덕분에 식사 시간만큼은 가족들과 함께 할 수 있었다.

그러나 마음이 여간 불편한 게 아니었다. 식탁에 앉을 때마다 바로 가까이의 아빠 눈치가 보여서다. 잠이 덜 깬 채로 밥상머리에 앉았다가 또 슬그머니 자러 들어가는 내 모습이, 그의 눈에 예뻐 보일 리가 없었다. 우리 아빠는 '하나를 보면 열을 안다'고 믿으시는 분이다. 오래전 내 대학교 기숙사를 (단 한 번) 찾아와서 바닥에 청소가 안 된 머리카락을 발견하고는 네가 어떤 식으로 살아가는지 알겠다며 내 대학 생활 전반을 나무라신 분이다. 그러니 지금 아무런 말이 없어도 속으로 나에 대해 어떤 평가를 내리고 있을지 나는 조마조마한 마음이었다.

누웠지만 잠들기 전인데, 바깥 거실에서 TV가 켜진다. 낮에도 뉴스를 챙겨보는 아빠이겠거니 했다. 아닌 것 같다. 거실 끝자락의 TV가 아닌 내 방에서 가까운 소파에서 들리는 소리 같다.

"…상대방에게 좀 더 부드럽게 이야기하는 방법은…"

말투며 내용이 꼭 강연이었다. 엄마는 미용실로 커피를

마시러 갔고, 그렇다면 최근에 스마트폰을 배웠다는 아빠가 유튜브라도 보고 있나. 하지만 내용이 정말 의아했다. 평생 우리 아빠가 모르쇠로 살아온 것들에 대해 동영상이 자꾸 가르치고 있었다.

닷샛날, 저녁밥을 해치우고 부모님과 동네 산책을 나왔다. 이제 겨우 시차를 극복하고 낮 동안도 쌩쌩할 수 있겠는데, 서울로 돌아가야 하네. 마지막 밤공기라도 마음껏 마시자.

"어? 여기 카페 새로 생겼네. 커피 한 잔씩 할까?"

늦었지만 한 가지라도 더 하고 싶었다. 다행히 부모님도 그런 내 뜻을 따라준다. 예전의 아빠 같았으면 너네들끼리 마시고 오라 하고 자기 혼자 휙 가버렸을 텐데, 확실히 달라지긴 했다.

"준아, 들어봐라. 니가 나이를 한두 살 먹은 것도 아니고 이제 뭔가 자리를 잡던지 해야 안 되겠나? 부모가 많이 보태주지는 못해도 니 결혼할 자금은 마련해 놨다. 글 쓰는 걸로 못 먹고 살겠다 싶으면 함부레* 접고, 다른 걸 준비해 봐라."

아빠의 말투는 과연 부드러워졌다. 앉혀 놓고 대화할 줄을 몰라 그저 하나로 열을 판단해 버리던, 우리 아빠가 맞나 싶었다. 동시에 마시고 있던 달달한 라떼가 사약 같이 쓰다. 날 위해 결혼식 자금을 마련해 놨다니. 내일 서울로 돌아가면 나는 여전히 풋내기 작가이고, 따라서 더 열심히 글쓰기에 매달려야 하는데, 이런 내 각오를 밝히자니 유튜브로 배운 아빠의 말투가 너무도 부드러웠다.

*

미리, 미리 생각해서

도시의
　　밤

하늘이 내 뺨에 딱 달라붙어 있을지도 모른다.
이곳은 별이 안 뜨니,
밤하늘은 위치를 잃고
차가워진 두 뺨은 밤하늘을 계속 의심한다.

산책

내 방 반지하 창문 너머에 사람들의 발소리가 그치면 나는 그제야 비로소 산책을 고민한다. 후줄근한 옷을 한 겹 더 걸치고, 내놓을 만한 쓰레기가 없는지를 살핀다. 코로나가 끝난 시대에 마스크를 반드시 쓰는 건 면도가 안 된 내 얼굴을 가리기 위함이다. 현관문 앞에 있는 자전거를 들고 계단 반 층을 오른다. 페달을 밟고 드디어 건물을 빠져나가려는 순간, B102 우체통에 꽂혀 있는 세금 명세서를 발견하고는 한숨을 푹 내쉰다.

자전거에 올라타서 제일 먼저 눈에 들어온 건 우리 건물 대각선 맞은편에 위치한 빵 가게이다. 지금은 불이 꺼졌으나 오늘 낮에도 저 앞은 빵을 사 가겠다는 사람들로 줄이 길었을 거다. 망원동에선 대수롭지 않은 풍경이다. 그 정도로 핫한 동네에 산다고 누구는 나를 부러워하지만, 보시다시피 사람들이 다 떠나고 밤이 돼서야 산책을 나온 겁쟁이이다.

물비린내가 난다. 한강에 거의 다 왔음이다. 자전거에서 내려 한강 변과 닿는 터널을 통과하려는데, 터널 건너편의 편의점에서부터 시끌시끌한 소리가 들린다. 도착해서 보니, 삼삼오오 앉아 저마다 맥주 캔 하나씩을 기울이는 사람들로 강변이 아주 빼곡하게 들어찼다. 마치 유행인 것처럼 보였다. 새까만 색깔 강물에 성산대교로부터 떨어지는 불빛들이 고작일지라도 천만 흥행 영화라도 보러 온 사람들 마냥 무척 흥분된 기색들이었다. 나만 홀로 신

나지 않았다. 사람들로부터 도망쳐 밤 산책을 선택했던 나는, 사람들로부터 도망쳐 내 방으로 돌아가려고 한다.

찻주전자
　　　(찻집 '아리솔'에서)

나는 몇 번 따르지도 않았는데, 흰색 찻주전자 주둥이의 끝이 벌써 새파랗게 물들어 있다. 한쪽 눈을 지그시 감은 상태로 그 좁다란 구멍을 들여다본다. 누군가는 茶道를 알아 너를 소중히 따랐겠고, 나처럼 한꺼번에 무척 따르다 놀라기도 했겠지. 그 흥겨운 손짓들이 돌고 돌아 여러 이파리의 색을 새파랗게 토해낸 거로구나. 찻잎을 굴리고자 최대한 속내를 감추는 것이 찻주전자의 生이라지만, 주둥이 끝에 물든 색깔을 들켰으니, 너와 나는 바야흐로 속을 통한 사이가 되었다.

⟨꽃⟩*

이웃한 빌라와 포개질 것처럼 가까워서 해가 드는 일이 드문 내 방 안, 창문은 생활하다가 이따금씩 마주치는 액자 정도의 역할이다. 그림은 언제나 이웃 빌라의 벽돌. 액자 속 물감이 번져 다른 수채화가 되면 비 내리는 날이고, 처음 만나는 그림인 양 내 모가지가 빼꼼히 창문 밖으로 나오면 눈 내리는 날인 거다.

"저희 집은 해가 안 들어서 곧바로 시들 걸요?"

그럼에도 키워보라는 지인의 권유로 하는 수 없이 꽃 한 송이를 받아 오고야 말았다. 흰 색깔 무결점 튤립. 방 안에 놔두는 건 도저히 죄 같아서 빈 페트병에다 꽂아 창문 바로 바깥에 달린 에어컨 실외기 위에다 올려놨다. 두 빌라 사이의 비좁은 거기에라도 해가 들기를 바라면서. 그리고 오후 내내 액자 속 그림을 계속 내다본다. 해가 들지 않는 이 방의 주인인 나는, 튤립을 창문 밖으로 내몬 것 같다는 죄책감에, 그림의 제목을 〈꽃〉이라고 지어줬다.

*

2019년 서울 북가좌동

가장 나일 때의 부끄러움

초판 1쇄	2024년 12월 30일
지은이	이학준
편집	이학준, 김수영
사진	이학준, 김수영
디자인	김수영
제작	문성기획
펴낸곳	학종이 (출판등록 2024년 9월 25일 등록번호 720-99-01859)
주소	서울특별시 마포구 월드컵로19길 70, 102호(망원동)
이메일	june9642@naver.com
인스타그램	instagram.com/hakduri
ISBN	979-11-989553-0-2